EXPOSITION

DE

L'INDUSTRIE DÉPARTEMENTALE

FAITE

SOUS LES AUSPICES ET AUX FRAIS

DE

LA CHAMBRE DE COMMERCE

DE CLERMONT-FERRAND.

CLERMONT-FERRAND,

TYPOGRAPHIE DE HUBLER ET DUBOS, RUE BARBANÇON, 2.

1855.

V

EXPOSITION

DE

L'INDUSTRIE DÉPARTEMENTALE.

EXPOSITION

DE

L'INDUSTRIE DÉPARTEMENTALE.

FAITE

SOUS LES AUSPICES ET AUX FRAIS

DE LA CHAMBRE DE COMMERCE DE CLERMONT-FERRAND.

DISCOURS DE M. LE MAIRE.

« Messieurs,

» C'est à la chambre de commerce que vous avez dû l'exposition à la suite de laquelle nous nous trouvons réunis ici aujourd'hui. Je crois être l'interprète de la pensée générale en lui adressant en mon nom et au nom de tous les plus sincères remercîments.

» Les membres de cette chambre n'ont épargné ni leur temps ni leur peine; vous avez tous été témoins de l'activité qu'ils ont déployée dans les préparatifs, de l'assiduité avec laquelle ils se sont occupés des détails; vous aurez dans peu d'instants la preuve du soin qu'ils ont apporté à examiner les produits exposés, et de l'intelligente équité avec laquelle ils les ont jugés.

» Ce n'est pas, en effet, une petite tâche que de distribuer les récompenses entre les exposants, mais elle ne pouvait pas être confiée à de meilleures mains.

» Pour moi, je n'ai pu faire qu'une, chose qui a été d'offrir, pour cette fête industrielle, ce local, depuis longtemps consacré aux fêtes de la charité. Je l'ai fait avec bonheur et empressement, et j'ai cherché à m'associer ainsi à l'heureuse pensée qui a décidé cette exposition.

» Ces solennités, Messieurs, sont tout ce qu'il peut y avoir de plus intéressant pour une ville. Elles ne donnent pas toujours malheureusement une idée complète du niveau industriel; mais elles aident puissamment à le juger. Et certes, en jetant les yeux sur les produits variés et nombreux qui encombraient naguère cette salle, il était permis à un observateur attentif de se faire une idée juste et avantageuse du mouvement commercial de notre ville.

» Je sais qu'il y avait des absents, je le regrette, et j'espère qu'ils n'hésiteront pas à figurer sur une plus vaste scène; mais je sais aussi que ceux qui avaient répondu à l'appel présentaient un assez beau spectacle.

» Je ne voudrais entrer dans aucun détail sur l'exposition; mais, cependant, il m'est impossible de ne pas proclamer hautement sa supériorité sur celle que nous avions déjà eue dans nos murs.

» C'est le meilleur symptôme, et je suis certain que, lorsqu'une nouvelle exposition aura lieu dans quelques années, elle sera encore supérieure à celle de 1854.

» Il me semble difficile, en effet, qu'il en soit autrement; notre ville grandit visiblement et ne peut que s'améliorer. Elle était la capitale commerciale des contrées qui nous environnent; elle en est depuis peu la capitale scientifique, et elle saura conserver ce rang. Notre esprit et notre caractère auvergnats aiment peu à reculer, et savent avancer toujours, quoique lentement. Nous prouverons, je l'espère, qu'en fait d'industrie, cet esprit et ce caractère ne nous abandonnent pas.

» Au reste, Messieurs, nous n'avons qu'à nous réjouir et à nous féliciter de la situation générale de notre pays. Peu de départements ont, autant et aussi heureusement que le nôtre, pu profiter de la paix intérieure, qui a succédé aux tristes orages des révolutions.

» Il semble que la Providence a voulu vous récompenser de cette remarquable unanimité avec laquelle vous aviez aperçu, dès le 10 décembre 1848, le but vers lequel la France devait tendre pour se sauver, le prince qu'elle devait placer à sa tête pour assurer son repos et sa gloire.

» Ce repos ne sera point troublé, Messieurs, et la gloire ne manque pas à nos armes. Nos soldats se montrent ce qu'ils ont toujours été, et préparent à leur patrie une paix dont il vous sera réservé de recueillir les fruits.

» Si Dieu écoute nos vœux, si nous voyons triompher la cause si juste que nous soutenons, et humilier cette grande et fatale ambition qui des confins de l'Asie est venue troubler l'Europe, et faire couler notre sang le plus précieux, alors, Messieurs, notre prospérité sera encore plus grande et encore plus solide.

» L'achèvement des chemins commencés et si ardemment attendu, l'ouverture des lignes nouvelles qui pourront nous mettre en communication directe avec l'Est et l'Ouest, le développement de cette grande industrie qui élève à nos portes les plus belles usines qui existent dans le monde entier, tout cela, Messieurs, est autant de gages que notre importance et notre richesse ne peuvent que s'augmenter. — Ayons cette confiance, elle est nécessaire pour le succès.

» Il en est une autre que j'ai également, c'est que d'ici sortiront quelques-uns de ceux qui seront couronnés dans cette grande lutte que la France prépare par son exposition universelle. Déjà, à celle de Londres, une de nos principales industries s'est montrée au premier rang. J'espère que ceux qui ont vaincu chez les autres sauront vaincre chez eux, et j'ai la confiance que notre département aura plus d'une médaille.

» Je finis ce peu de mots, Messieurs, en vous demandant pardon d'avoir retardé de quelques instants la distribution des récompenses, et je laisse la parole à M. le président de la chambre de commerce, dont vous entendrez la voix habile avec beaucoup plus de plaisir que vous n'avez entendu la mienne. »

RAPPORT

Fait à la chambre de commerce de Clermont-Ferrand et approuvé par elle, sur les produits de l'exposition de 1854, *par une commission composée de MM.* Roux-Laval, *vice-président*; Deshaires-Domergues, Perol, de Palisseaux, *et* Lecoq, *président et rapporteur.*

Messieurs,

Lorsque le Gouvernement a fait appel à l'industrie pour la grande exposition de 1855, vous avez songé immédiatement à seconder ses vues, et vous avez provoqué une exposition préparatoire des produits de l'Auvergne, exposition à laquelle vous avez voulu aussi admettre libéralement les objets étrangers à votre sol et à vos manufactures. Représentants de tous les intérêts commerciaux, patronant au moins de vos suffrages tous les genres d'industrie, vous avez cherché à grouper d'abord autour de vous les objets créés par le progrès des sciences et des arts, vous avez cherché à éclairer de vos conseils ceux qui, par insouciance ou par défaut d'expérience, ne se présentaient pas à la lutte; vous avez encouragé ceux qui, par modestie ou par crainte d'infériorité, se tenaient à l'écart, et vos efforts ont obtenu tout le succès que vous pouviez attendre.

Quelques industries, et nous pouvons dire de grandes industries, ont oublié, dédaigné peut-être notre modeste exposition; mais ce ne sont pas des chefs d'ateliers instruits ou haut placés, qui ont pu donner à leurs établissements réputation et publicité, que vous cherchiez à obtenir les suffrages ; c'était du travailleur intelligent et de l'industrie naissante que vous vouliez encourager les efforts.

L'administration municipale s'est associée avec empressement à votre œuvre. Elle a mis à votre disposition son magnifique local, et votre commission n'a rien négligé pour remplir l'importante mission dont vous l'aviez chargée.

L'Auvergne ne possède pas un grand nombre de ces vastes établissements qui peuvent occuper plusieurs milliers d'ouvriers ; mais en revanche l'industrie y est divisée comme la propriété ; et de même que son sol offre toutes les variétés de culture, l'intelligence de ses habitants s'est adaptée à tous les genres de travaux, et des fabriques multipliées s'élèvent sur tous les points de cette vaste contrée.

Certes, Messieurs, s'il est un avantage réel pour un pays, c'est de réunir dans un juste équilibre la prospérité agricole et le travail industriel, c'est d'appliquer les avantages que procure la première de ces sources de vie aux progrès incessants de la fabrication. Combien notre situation n'est-elle pas préférable à celle de ces départements populeux comme le nôtre, mais où la population entière s'étiole dans les ateliers, se démoralise au contact du vice, et nous montre dans les crises commerciales toutes les horreurs d'une profonde misère !

Ne demandez donc pas pour notre beau pays le développement excessif des usines et des fabriques ; mais encouragez dans de justes proportions le progrès du travail, l'introduction des méthodes nouvelles, le génie inventif de ses habitants et l'habileté de ses ouvriers.

Malheureusement, Messieurs, vos propres ressources ne sont pas en rapport avec votre générosité ; votre trésorier n'a pu mettre à votre disposition que des médailles de bronze; cet alliage, il est vrai, comme le dirent les Anglais à l'exposition universelle de 1850, *est plus durable que l'or et l'argent*; il passe à la postérité la plus reculée. Nous vous dirons plus franchement : *C'est qu'il coûte moins cher*; mais le prix que nous attachons à ces récompenses du travail, le plaisir que nous avons à les offrir, augmentera, nous, l'espérons, aux yeux des exposants, la valeur réelle de ces preuves de notre reconnaissance.

La chambre a pensé, Messieurs, qu'elle devait se borner à trois espèces de récompenses :

1° Médaille de 1re classe;

2° — de 2e classe;

3° Mentions honorables.

Forcés de classer dans notre rapport les objets exposés avec plus d'ordre qu'ils n'ont pu l'être dans les salles, nous les diviserons en huit catégories :

1° Dans la première, nous nous occupons des divers genres d'industrie qui sont liés à l'agriculture de notre département;

2° Dans la seconde, nous plaçons tout ce qui est relatif aux substances alimentaires, à leur préparation et à leur conservation;

3° Dans la troisième se trouvent les industries qui tirent leurs matériaux du sol de l'Auvergne, ou les industries minérales;

4° La quatrième catégorie renferme les industries qui touchent aux beaux-arts et celles qui s'y rattachent;

5° Dans la cinquième, nous avons classé les divers produits d'ébénisterie, de menuiserie et en général les professions qui se servent du bois comme matière première;

6° La sixième contient les tissus, les papiers et par conséquent les industries qui mettent en œuvre la laine, le lin, le chanvre ou la soie;

7° Nous avons dû réunir dans une septième catégorie les arts mécaniques et métallurgiques, ou les professions qui utilisent plus spécialement les métaux;

8° Enfin, dans une dernière section, nous avons réuni plusieurs industries particulières qui n'ont pas trouvé place dans les sections précédentes.

1re CATÉGORIE. — *Agriculture et arts agricoles.*

La fabrication du sucre et des eaux-de-vie de betteraves s'est implantée sur notre sol sur une échelle immense. L'établissement de Bourdon et celui de Sarliève versent constamment dans le commerce de grandes quantités de sucre et d'esprit, et les échantillons exposés par Bourdon vous donnent une juste idée de leur qualité. Des membres de la chambre de commerce, intéressés dans ces fabriques, éloignent de nous toute possibilité de récompense.

Notre département est, comme nous l'avons dit, essentiellement agricole. La plupart des industries, qui emploient comme matières premières les produits immédiats de nos récoltes, sont celles qui semblent destinées aux plus grands développements. Nous plaçons en première ligne les pâtes dites de Gênes ou d'Italie, dont la fabrication a donné tant de valeur à nos froments rouges et glacés, et nous regrettons l'absence complète de ces beaux produits à notre exposition. On y a placé, cependant, un échantillon de froment très-remarquable, exposé par *M. Doniol* père, froment qui, indépendamment de sa beauté et de l'abondance de son produit, a de plus l'avantage de résister, par la rigidité de son chaume, aux causes accidentelles qui versent les autres blés.

Du lin de Russie, exposé par *M. Dalmas*, pharmacien à Besse, indique que la culture de cette plante réussirait parfaitement dans nos montagnes, et le chanvre gigantesque, déposé par *M. de Chazelles*, prouve que si nos montagnes conviennent à la première de ces plantes textiles et oléagineuses, la Limagne est la vraie patrie de la seconde.

La paille, mise en œuvre par les habitants de Nadaillat, dirigés par leur respectable pasteur, s'est métamorphosée en une foule de petits meubles d'un usage commun et journalier : des ruches, des paniers à semer, des vases pour contenir la farine, des abris pour les cloches fragiles qui font éclore les primeurs ou mûrir les fruits tardifs, des salières, des chapeaux et une multitude d'autres objets, annoncent une industrie naissante que nous recommandons à celui qui a su la susciter chez ses paroissiens. Ils pourront ainsi utiliser fructueusement leurs longues soirées d'hiver. Si la chambre ne peut accorder individuellement de récompense à chacun des exposants, elle offre volontiers à cette exposition collective une médaille d'encouragement, en attendant qu'à une exposition ultérieure, cette industrie perfectionnée vienne recueillir sa récompense.

Nous plaçons, parmi les objets relatifs à l'agriculture, tout ce qui touche à l'économie rurale.

M. *Vergne*, bourrelier à Pont-du Château, vous a présenté un collier de cheval qui n'a pas, comme les autres, l'inconvénient de s'élargir et de jouer sur les épaules de l'animal. La charpente particulière de ce collier, qui est à double croissant, et la charnière placée au bas, lui donnent en outre le mérite d'une longue durée, et le prix en reste le même que celui des colliers ordinaires.

M. *Cauneille*, de Bourdon, vous a présenté de nombreux modèles de ferrure, et vous en a développé les avantages. On y distingue entre autres :

1° Un fer à cheval, qui peut être mis par la première personne venue, sans avoir recours aux maréchaux. Avec ce fer, le roulier peut très-bien, en temps de glace, aciérer les pieds de son cheval et retirer l'aciéron quand il le juge convenable.

L'aciéron à vis peut servir aussi à la classe bourgeoise; les domestiques peuvent aciérer les pieds de leurs chevaux dans l'écurie, ôter à volonté l'aciéron, et le remplacer par un clou à tête plate pour que la boue ne bouche pas le trou.

2° Quatre fers à bouts détachés, avec lesquels on peut ferrer le pied le plus dérobé ou mauvais; plus, deux fers attachés ensemble au moyen d'une petite courroie avec laquelle on peut ferrer un pied sans qu'aucun clou prenne dans la corne. Au moyen de ce fer, on peut faire faire un long trajet à une bête à cornes dont le pied serait dans le plus mauvais état, sans qu'elle éprouve le moindre accident.

M. *Bathol, Francisque*, maréchal-ferrant à Clermont, vous a déposé aussi des échantillons de fers, façon anglaise, qui annoncent toute son habileté.

Après les industries véritablement agricoles, nous plaçons en appendice les arts mécaniques liés à l'agriculture, parmi lesquels nous avons chaque année des progrès à enregistrer.

M. *Pardoux*, mécanicien à Randan, a envoyé une charrue modèle dont le système lui a valu déjà d'honorables récompenses, et dont nous avons déjà fait ressortir les avantages il y a quelques années.

M. *Dufraisse*, fermier à Lavort, commune des Martres-de-Veyre, vous a déposé un araire perfectionné, dans lequel il a remplacé la fonte par quelques pièces de bois.

M. *Groslier, Antoine*, menuisier à Billom, vous a présenté le modèle d'un instrument nouveau destiné à bêcher la terre, et auquel le mouvement, comme celui des charrues, serait dû à la traction des animaux.

Le système de M. Groslier paraît très-ingénieux; mais la pratique en agriculture offre quelquefois tant d'obstacles à l'invention, que la chambre a cru devoir, pour le moment, décerner seulement une mention honorable à M. Groslier, en l'engageant à poursuivre une idée qui paraît heureuse et féconde.

M. *Canet, Michel*, forgeron à Cebazat, a déposé aussi une charrue, sur laquelle il ne nous a fourni aucun renseignement.

M. *Greliché-Rampan* vous a aussi envoyé une charrue modèle, sans notice et sans description.

Et M. *Magner*, maison Fleury, a exposé le modèle d'une petite charrue portant un semoir.

M. *Delaire*, fabricant de charrues à Sauxillanges, mérite tous vos encouragements pour sa persévérance et son application à perfectionner les instruments agricoles.

Il vous a présenté :

1° Une drague pour l'extraction et le transport des terres;

2° Une charrue de son système;

3° Un araire à charrue de son système;

4° Diverses sortes d'araires, avec des seps en bois, en fer ou en fonte, de son invention;

5° Une herse dont le montant est en fer ; on y adapte un rouleau ; ils fonctionnent ensemble, quoique indépendants l'un de l'autre;

6° Un modèle de rouleau pour tasser l'empierrement des routes.

Dans un pays agricole comme le nôtre, les instruments qui servent journellement à un cultivateur, constituent une branche de fabrication d'une utilité incontestable. Aussi n'avons-nous pas hésité à accepter les échantillons envoyés par *M. Michel*, forgeron à Chamalières, près Clermont. Ce sont des bêches, des cerceaux, des binettes de diverses formes et grandeurs à douilles tournées et très-solides. Nous y avons remarqué une sorte de cerceau coupant par un de ses côtés et soulevant par l'autre, qui nous a semblé nouveau et très-propre à creuser dans les prairies les petites rigoles d'irrigation.

La société d'horticulture de l'Auvergne a déjà accordé une médaille de bronze à M. Michel pour l'utilité et la bonne qualité de ses produits.

Enfin, *M. Biffaud*, taillandier à Clermont, a aussi apporté des haches, des outils d'agriculture et divers instruments qui joignent au mérite de la solidité des formes commodes pour le travail.

La chambre regrette que les règlements de finances auxquels elle est soumise, ne lui permettent pas de récompenser les jardiniers habiles qui ont orné son exposition par des fruits de toute beauté. Elle se borne à mentionner de magnifiques collections de fruits apportées par *MM. Delusse* fils, *Jaloustre*, *Phelut Amable*, *Felut-Fouilhoux*, *Cougout* et *Redon*, *Lairagne* de Riom, la belle branche chargée de pommes de *Mme veuve Domat*, et le beau panier de poires de *M. Chassagne*, maire de Chamalières.

En voyant la fertilité de l'Auvergne, représentée par de si riches produits, tous les visiteurs rendaient grâces à l'administration municipale d'avoir appelé à plusieurs reprises dans cette enceinte M. Dubreuil, le savant professeur du Conservatoire, qui ne peut manquer, par ses cours et sa présence, de porter à un haut degré la culture des vergers dans notre riche Limagne.

Il y aurait injustice à ne pas citer, après les fruits, le tableau de dahlias de M. *Carret*, horticulteur à Riom ; les fleurs coupées de M. *Genilloux*, horticulteur à Issoire; les verveines hybridées de M. *Bronner*; les fleurs si fraîches de M. *Daupatis*, et même la pomme de terre monstrueuse de M. *Turry*, du village des Mauvaises.

Ces produits de l'horticulture auvergnate, auxquels la chambre donnait asile et qui s'y présentaient spontanément, sans espoir de récompense, rappelaient un peu les brillantes expositions d'une société qui a été anéantie sous le souffle mortel de l'inertie et de l'indifférence.

Nous ne pouvons parler des produits de l'horticulture sans mentionner aussi les objets rustiques désignés sous le nom de jardinières.

Nos vieux bois de vigne, de saule, de frêne, d'arbres verts et les cônes qui contiennent leurs graines, sont utilisés pour ces petits meubles de jardin et de salon.

M. *Bugette*, jardinier à Issoire; M. *Masson*, jardinier à Riom, vous ont adressé des échantillons de leur goût dans ce genre de décorations.

M. *Cellier-Vigiolas*, de Clermont, vous a aussi déposé:

1° Une pendule renfermée dans un vieux château fort, montée en souche de vigne et d'une forme élégante;

2° Une corbeille à placer sur un meuble et également faite en souche de vigne. Ces objets indiquent beaucoup d'adresse et surtout beaucoup de goût.

2° Catégorie. — *Substances alimentaires.*

La fabrication des pâtes et des fruits confits a pris en Auvergne un très-grand développement; c'est au point qu'il existe aujourd'hui, autour des villes de Clermont, de Riom et d'Issoire, des vergers entièrement plantés d'abricotiers et d'autres espèces fruitières, uniquement destinées à ce genre de commerce.

Cerises, pommes, poires, coings, abricots, pêches, prunes, pétioles d'angélique, et jusqu'aux jeunes oranges du Midi, désignées sous le nom de *chinois*, se plongent dans le sucre d'Auvergne sous la direction de nos habiles confiseurs, et vont ensuite rayonner sur toute l'Europe, et sont partout gracieusement accueillis. La quantité de sucre employée dans la confection des pâtes de fruits ou dans les conserves est très-considérable. On évalue à environ deux millions de francs la vente des pâtes et fruits confits. Aussi la récolte des fruits est-elle une branche importante de revenu agricole.

Vous vous rappelez, Messieurs, les efforts infructueux tentés à plusieurs reprises par la chambre de commerce pour obtenir, à la sortie de France, le remboursement des droits perçus sur le sucre qui entre dans l'importante fabrication de la confiserie.

Les fruits et les pâtes exposés par *M. Murent* jeune, justifient pleinement les éloges que nous donnons à cette fabrication.

M. *Dollet-Dépailler*, confiseur, vous a aussi envoyé une vitrine où sont élégamment disposés les beaux produits de ses ateliers.

Les chocolats ont également occupé une place distinguée dans notre exposition.

M. *Peyrard* a prié votre commission de se transporter à son usine de Royat pendant les grandes chaleurs du mois d'août, de lui marquer des moules, et c'est dans ces moules qu'il a déposé, le 27 du mois d'août, de la pâte à chocolat qui venait d'être broyée. On sait toute la difficulté du moulage d'été; le chocolat mis en moule pendant les chaleurs offre toujours une cassure grenue et sableuse qui ne plaît pas au consommateur. M. Peyrard assure avoir un procédé particulier pour s'opposer à cette cassure graveleuse. En effet, ses chocolats ont le grain fin, la cassure nette, comme s'ils eussent été fabriqués en hiver. Indépendamment de cet avantage, ses chocolats nous ont paru parfaitement broyés et d'excellente qualité; nous les plaçons en première ligne.

M. *Barreyre-Rouayre* a exposé un bel assortiment de chocolats. On se rappelle que l'ancienne maison Decorio est celle qui a importé à Clermont la fabrication du chocolat, qui a pris maintenant une si grande extension dans notre ville. Les produits de M. Barreyre nous ont paru de très-bonne qualité.

Les chocolats exposés par M. *Pichon* nous ont paru aussi très-bons et en rapport avec les prix que le public consent à accorder à cette préparation. M. Pichon avait joint à ses nombreuses espèces de chocolats des pastilles et des chocolats pralinés. Il est à regretter que M. Pichon, comme les autres chocolatiers, soit obligé de fabriquer de ces sortes inférieures, dont le bas prix, comparé à celui des cacaos, ne laisse aucun doute sur la qualité. Espérons que le public, meilleur juge, finira par adopter pour cet aliment un prix minimum de 4 fr. le kilogramme, prix au-dessous duquel il serait difficile de garantir la pureté et la bonne fabrication de ce produit.

La conservation des substances alimentaires, qui a été le but de recherches si nombreuses et si multipliées, semble avoir fait un pas de géant dans notre ville. Déjà M. *Masson*, de Chamalières, avait trouvé le moyen de conserver les légumes sous un très-petit volume, rendant ainsi des services immenses à la marine. Aujourd'hui M. *Lamy* vous offre un chevreuil, des gigots, des cervelles, des fruits et des légumes, et jusqu'à de la levûre de bierre, la substance la plus fermentescible, et dont il semble avoir arrêté la décomposition par un pouvoir magique et surnaturel.

En voyant ces produits, présentés du reste avec trop peu d'élégance, on se rappelle involontairement le conte de la *Belle au Bois dormant*, où la bonne fée avait soumis à un repos et à une conservation séculaires les viandes et tous les aliments qui devaient attendre le réveil de sa protégée.

L'addition d'un corps commun, à bon marché, capable de détruire, dès sa naissance, le développement de l'oxygène, qui est le principe de toutes les décompositions, est le moyen rationnel employé par ce savant pour la conservation des corps. La chambre doit lui tenir compte de ses nombreux essais.

S'il n'est pas encore démontré pour elle que les substances alimentaires, préservées par ce procédé, conservent toute leur saveur, il lui est acquis que des pièces anatomiques, que des préparations difficiles peuvent résister presque indéfiniment à l'action destructive du temps. Des pièces qui n'ont pu être exposées par suite de leur nature, ne laissent aucun doute à cet égard, et vous permettent d'offrir à M. Lamy une médaille de 1re classe.

3e CATÉGORIE. — *Objets tirés du sol.*

Dans un pays aussi riche que le nôtre en matières minérales, dans un sol où presque toutes les formations géologiques sont représentées, et où les accidents sans nombre du terrain mettent à nu une partie de leurs richesses, nous avons bien peu d'industries minérales à signaler; mais, pourtant, sous ce rapport, nous sommes encore en progrès.

Le plus important de nos établissements est sans contredit celui de Pontgibaud; mais aucun de ses produits ne figure dans nos galeries.

Une industrie nouvelle est sur le point de prendre naissance dans nos contrées : c'est le traitement de la tourbe par les procédés et les appareils de M. Félix Challeton. S'il est une question importante pour l'avenir de l'industrie, c'est, sans contredit, celle de la production d'un combustible qui puisse, par la suite et dans le présent, remplacer les charbons de terre dont l'activité croissante de l'industrie ne peut manquer d'épuiser les mines. Au moyen de ses appareils,

M. Challeton donne un poids triple à la tourbe, il la dessèche sans la comprimer, et cette tourbe prend tellement de compacité, qu'elle peut se polir et se tourner comme du jais, et qu'elle rend par la combustion autant de chaleur que la houille.

Cette tourbe purifiée peut se convertir en coke dans des appareils ingénieux, et divers produits employés dans les arts sont encore un des résultats les plus remarquables de cette curieuse transformation.

La tourbe condensée par le procédé Challeton est donc appelée à remplacer la houille dans tous ses usages; et si par la suite le progrès, qui ne s'arrête jamais, venait apporter des modifications économiques aux procédés actuellement en usage, M. Challeton n'en aurait pas moins le mérite d'avoir rendu à l'industrie un des plus grands services qu'on puisse lui rendre. C'est à ce titre que la chambre lui accorde une médaille de 1re classe.

La propriété incrustante des eaux minérales est connue depuis longtemps. On sait que toutes celles qui contiennent du calcaire l'amènent à l'état de bicarbonate, et qu'aussitôt que le dégagement de cet acide gazeux s'est opéré dans l'atmosphère, le carbonate devient insoluble par cette soustraction, se dépose au point même où l'acide qui le tenait en dissolution l'abandonne. Rien de plus simple que l'explication de tous les travertins par les sources minérales, auxquelles on doit peut-être rapporter aussi le dépôt des terrains tertiaires, crayeux, oolithiques, etc.

Mais, lorsqu'il s'agit d'appliquer ces eaux à l'industrie, et de les employer à la fabrication des médailles, camées et bas-reliefs, il se présente d'assez grandes difficultés, que les industriels ont vaincues, et nous ne pensons pas que rien d'aussi beau que leurs produits ait encore été mis sous les yeux du public.

Les sources de Saint-Alyre et de Saint-Nectaire étaient jusqu'à ce jour les seules qui aient été utilisées pour ce genre d'industrie; mais l'Auvergne en renferme une multitude d'autres qui pourraient conduire aux mêmes résultats. Si les eaux ne contenaient que des calcaires, comme celles de Saint-Philippe, en Toscane, rien ne serait plus facile que d'obtenir des incrustations parfaitement blanches et très-fines, comme le sont celles qui viennent de cette partie de l'Italie; mais il n'en est pas ainsi pour nos sources d'Auvergne. Elles renferment en même temps du bicarbonate de magnésie et du fer qui peut être aussi dissous par l'acide carbonique, mais qui, au contact de l'air, se dépose et se combine à des acides organiques de formation toute récente, les acides crénique et apocrénique de Berzélius. Ces matières sont, comme on le pense bien, nuisibles à la beauté et à la blancheur des dépôts. Il est donc nécessaire de conduire l'eau assez longtemps dans des canaux exposés à l'air, pour qu'elle abandonne son fer, sa magnésie et la partie la plus grossière du calcaire. Alors elle arrive dans les cabinets, où elle tombe en éclaboussant sur des moules de différentes natures. Le nombre des épreuves que l'on peut obtenir est indéfini; chaque moule coulé sur le modèle fournit un sujet, et vous pouvez suivre la marche de cette intéressante fabrication sur les pièces nombreuses qui nous sont fournies. Pour arriver à la perfection des produits qui vous sont présentés, il y a eu de nombreuses difficultés vaincues, pour filtrer les eaux, pour leur faire abandonner, dans de longs circuits, leur fer et leur magnésie; pour arriver à un éclaboussement convenable et assez fort; et l'on ne peut trop encourager le mérite et la persévérance des exposants, qui sont arrivés eux-mêmes à doter notre pays d'une nouvelle industrie. Quelques-unes de ces incrustations sont recouvertes d'une légère couche de cristaux trop petits pour qu'on puisse en reconnaître la forme qui, toutefois, semble appartenir au système rhomboïdal. Ces cristaux seraient alors de l'arragonite, et cette fabrication aurait ainsi dévoilé un fait très-curieux : c'est que les eaux minérales déposeraient, quand elles sont froides, du spath calcaire, et quand elles sont chaudes, de l'arragonite, ou du moins, au-dessus de 30° centigrades ce serait cette dernière substance.

C'est toujours en plaçant la médaille sortie du moule pendant quelques jours, sous un filet d'eau chaude calcarifère, avant qu'elle se soit refroidie, que l'on obtient la couche cristallisable. Enfin, l'art vient aussi parfois au secours de la nature, et quelques matières peu solubles dans les eaux minérales, ajoutées dans les conduits qu'elles parcourent, contribuent aussi à la blancheur et à la translucidité des produits.

Cinq exposants ont répondu à votre appel.

Mme veuve *Clémentel*, propriétaire d'un établissement qui, pendant longtemps seul en Auvergne, a étendu sa réputation dans toute l'Europe, a exposé plus de quarante sujets, parmi lesquels on distingue surtout une sainte Anne, plusieurs vierges et de jolis camées. L'industrie de Saint-Alyre est le point de départ de tous les établissements du même genre, qui existent aujourd'hui et qui existeront bientôt sur le sol de l'Auvergne, et il y aurait une injustice à ne pas lui accorder de récompense.

Saint-Alyre se bornait à incruster des feuilles de chardon et des animaux empaillés, lorsqu'en 1828, on fit à Saint-Nectaire la découverte des eaux du mont Cornadore. Là, M. Serre, le premier en Auvergne, chercha à réaliser les progrès que cette industrie faisait en Italie; et, le premier, il fit des camées et des médailles. Le premier, il reconnut la propriété cristalline des arragonites; et c'est à ses soins, à sa persévérance que l'on doit le développement de cette gracieuse fabrication. Nous pouvons dire même que personne encore n'a atteint ou du moins dépassé l'habileté de M. *Serre*, aujourd'hui associé de MM. *Laussedat* et *Allègre*. Cette société a utilisé à Gimeaux, près de Riom, une source qui pendant des siècles coulait, ignorée, dans un village. Les produits exposés par ces messieurs vous montrent tout le parti qu'ils ont su en tirer.

La blancheur du calcaire, sa translucidité, nous pourrions dire sa transparence, sa dureté et la finesse de la pâte ne laissent rien à désirer. La société de *lithoplastie naturelle* se propose de reproduire sous toutes les formes et sous toutes les dimensions les camées, bas-reliefs, statues, chapiteaux, colonnes, etc., et déjà elle a fait les frais de modèles nouveaux dont elle vous a présenté des épreuves. Votre commission vous propose pour elle une médaille de première classe.

Depuis la découverte faite par M. Serre des propriétés incrustantes des eaux de Saint-Nectaire, des fouilles nombreuses ont été faites dans la vallée et ont mis à jour une multitude de sources calcarifères. Plusieurs de ces sources sont exploitées par MM. *Cheron et Ce*, et ils vous ont déposé un cadre de leurs produits. Des moules faits en matière plastique, susceptible de se ramollir, leur ont permis de représenter des sujets refouillés d'une finesse extrême et dans lesquels tous les détails sont parfaitement compris.

MM. *Armand* et *Delarfeuil* vous ont exposé une vitrine qui contient des objets bien remarquables. Non-seulement ces exposants ont montré jusqu'où pouvait aller leur talent dans l'art de la bijouterie, mais en associant cette dernière fabrication à celle des camées et des incrustations de Saint-Nectaire, ils sont parvenus à de très beaux résultats. Ces fabricants sont aussi les seuls qui aient pu, jusqu'à ce jour, obtenir par voie d'incrustation des statuettes entières, les premières de ce genre, figurant Fénelon, Bossuet et Béranger. Nous citerons une petite pendule, qui, quoique simple dans son ensemble, atteste, par ses contours, de la difficulté qu'il a fallu surmonter pour obtenir un résultat semblable, et assure du succès pour toute autre pièce à faire en relief; un joli vase qui figurerait parfaitement sur une étagère; deux têtes de Judith en demi-ronde-bosse, joli modèle; un grand choix de médailles et camées des couleurs les plus variées et du plus beau ton, parmi lesquels on peut remarquer ceux obtenus par des eaux qui leur donnent une couleur de lave du Vésuve qui fait ressortir le dessin et donne de la vigueur aux sujets qu'ils représentent.

MM. *Armand et Delarfeuil*, par suite de ces difficultés vaincues, doivent être placés au premier rang dans la série des pétrificateurs.

Ce sont encore des eaux de Saint-Nectaire qui sont exploitées par M. *Percepied-Maisonneuve*. Depuis longtemps cet exposant se livre à cette industrie, à laquelle il a fait faire de remarquables progrès. Cette fois encore il vous offre des camées d'une finesse extrême et de coloris variés. De plus, on lui doit l'idée brevetée des litophanies naturelles, et le cadre des sujets variés qu'il a exposés contre une des croisées de la salle a été admiré de tous les visiteurs. La chambre décerne aussi à M. Percepied une médaille de première classe.

La Compagnie des forges et hauts-fourneaux de Vierzon vous a offert des échantillons de fer de qualité supérieure.

Le n° 1, — fer de Vierzon ordinaire cylindré houille, *noué à froid*, est une preuve élégante de la ductilité, de la ténacité, ou, comme on dit ordinairement, de la douceur de ces fers.

Le n° 2, — fer de Vierzon ordinaire, corroyé cylindré houille, *tordu et allongé à froid*, est une seconde preuve plus bizarre et peut-être plus forte encore des mêmes qualités.

Quant au n° 3, — fer fin de Vierzon, corroyé martelé bois (fer forgé), il offre une densité merveilleuse, que la finesse de son grain met en évidence aux yeux des moins experts.

Les fers de fonte au bois, affinés à la houille, n° 1 et 2, désignés souvent sous le nom de fers mixtes, sont déjà, depuis quatre ans, connus et appréciés dans l'Auvergne, et particulièrement dans les grands ateliers de fabrication de Clermont. Ils remplacent avec un double avantage les fers fins des autres usines; ils sont plus doux et moins chers.

Les fers fins, fers de fonte au bois, affinés au bois, n° 3, ont une supériorité incontestable et incontestée, qui les fait rechercher par la marine, l'artillerie et par toutes les industries métallurgiques dont le travail exige en même temps de la dureté, de la malléabilité et de la finesse.

Ces mêmes produits ont déjà obtenu à l'exposition universelle trois médailles d'argent, une en 1839, une en 1844 et une en 1849.

La chambre de commerce regrette que ces échantillons, déposés après le terme fixé pour l'admission, ne puissent prendre part aux récompenses.

Des échantillons de tuiles et un petit toit modèle ont été présentés par le sieur *Gros*. Cette tuile peut porter à plat sur toutes pentes de toitures. Elle ne craint point les plus forts vents de nos pays, et les animaux nuisibles ne peuvent point pénétrer au-dessous.

Cet essai a paru mériter une mention honorable.

M. *Bonnefons*, fabricant de tuiles à Lezoux, vous a aussi exposé des tuiles à rebords, qui se placent facilement, et qui vous ont semblé présenter de très-notables avantages sur nos tuiles ordinaires. Vous lui avez donné aussi une mention honorable.

4ᵉ CATÉGORIE.—*Beaux-arts, ornementation, etc.*

Les élèves de l'école communale de Clermont ont exposé, sous la direction de leurs habiles professeurs, une foule de dessins et de sculptures qui attestent de grands progrès. C'est à la création de cette école que se rattachent en grande partie les progrès qu'ont faits presque toutes les professions dans notre ville.

Les frères de la doctrine chrétienne ont placé dans la même salle 73 dessins de leurs élèves, et l'on y remarque aussi des dessins qui indiquent de grandes dispositions.

La chambre ne peut récompenser les œuvres d'art, mais elle doit remercier MM. *Chalonnax, Debiton, Robert, Richoux, Derrode* pour les sculptures et les tableaux dont ils ont décoré les salles d'exposition.

M. *E. Thibaud*, entre autres objets moins importants, a exposé un vitrail et une chaire à prêcher.

Le vitrail, de grande dimension, destiné à la cathédrale de Lyon, est d'un grand effet au premier coup d'œil. Cependant, une critique exercée trouverait facilement à y reprendre au point de vue du dessin, de l'iconographie, de l'unité du style, des détails architectoniques; et l'opinion qui conteste à la peinture sur verre la légitimité de sa prétention, que n'avaient pas les anciens verriers, de faire des tableaux complets, de reproduire avec succès autre chose que des personnages isolés, ne se sentirait pas ébranlée devant l'œuvre de M. Thibaud; mais, ces réserves faites en faveur de l'art, et en ne considérant, comme la chambre le désire, que l'exécution manufacturière, M. Thibaud a prouvé, une fois de plus, que sa fabrique de vitraux peut rivaliser avec tous les autres établissements de ce genre par la richesse et la beauté des couleurs de ses verrières, ce qui, en définitive, constitue le principal mérite de ce genre de travaux.

La chaire à prêcher de M. Thibaud ne prête pas moins à la critique. Sa forme, qui est celle d'un calice dont la coupe serait à jour, qu'elle soit originale ou autorisée par des précédents, n'est pas appropriée à la destination; car le meuble reposant à terre sur un pied d'une dimension médiocre et hors de proportion avec la partie supérieure, évidemment les lois de l'équilibre ne permettraient pas au prédicateur ses mouvements habituels sans renverser sa tribune et se précipiter avec elle. Sans doute cet inconvénient n'est pas à craindre, parce que la chaire sera probablement fixée à un pilier ou à une paroi; mais, alors, pourquoi cette forme, qui semble la destiner à l'isolement? On peut trouver à redire aussi à l'exécution à jour, qui laissera à découvert le mouvement des pieds et des jambes de l'orateur; mais cette chaire n'en est pas moins un beau travail. Si l'on en examine avec soin les détails qui sont l'œuvre de M. *Gronier*, *Louis*, artiste employé par M. Thibaud, on y reconnaît beaucoup de qualités remarquables. Trois figures adossées à l'entrecolonnement du support et quatre anges faisant cariatides sont très-habilement sculptés, et les divers ornements sont traités avec beaucoup de goût. On regrette, pour un travail de ce genre, que l'on n'ait pas apporté plus de soin au choix des bois qui ont servi à la confection. Le talent réel de M. Gronier se manifeste plus heureusement encore, peut-être, dans une figurine d'ange en plâtre portant des couronnes, qui est exposée près de la chaire; deux autres figurines d'anges en bois, placées derrière le vitrail, lui font beaucoup d'honneur.

Deux jolis meubles d'oratoire ou de sacristie complètent l'exposition de M. E. Thibaud. L'un est un prie-Dieu gothique, l'autre une crédence en style du XVIe siècle. Ces objets, dans plusieurs de leurs parties, sont sculptés avec infiniment de délicatesse et de goût. On regrette, toutefois, l'idée malencontreuse qui a fait recouvrir d'un vernis la crédence en bois de chêne; cet enduit lui enlève le caractère de meuble ancien que l'auteur s'est efforcé de lui donner.

En somme, l'exposition de M. E. Thibaud, par l'importance des objets exposés et le mérite relatif de leur exécution, tient incontestablement le premier rang et peut prétendre à bon droit à une première médaille.

Le vitrail de M. *Fabre*, qui appartient au genre moderne, plus favorable que l'ancien au talent du dessinateur, ne reproduit, à aucun degré, les grâces aériennes de la belle Vierge montant au ciel, de Murillo, qu'il a voulu imiter. On peut lui reprocher le peu d'harmonie des tons et le faible éclat de ses couleurs. Cependant, avec ses défauts, ce travail a un mérite de dessin assez peu commun dans la peinture sur verre, pour qu'il doive être loué et encouragé.

La sculpture sur bois tend à prendre, en Auvergne, et surtout à Clermont, une assez grande extension.

Ces progrès sont dus sans contredit à une administration municipale éclairée, qui offre gratuitement aux élèves des cours de dessin et de sculpture, et qui développe ainsi leurs goûts et leurs facultés.

M. *Derrode*, sculpteur à Clermont, a exposé un autel destiné à servir de maître-autel de l'église de Saint-Julien, à Brioude. Cet autel, qui a coûté plus de dix-huit mois de travail à M. Derrode et à ses nombreux et habiles ouvriers, n'a pu être placé dans la salle de l'exposition, parce qu'il n'a pu y être installé convenablement à raison de sa grandeur colossale. M. Derrode s'est donc trouvé réduit à le laisser exposé dans ses ateliers, en fragments divisés, ce qui n'a pas permis d'apprécier tout l'effet de son ensemble, dont on ne peut juger qu'imparfaitement par le dessin. Une affiche, posée à la porte de l'exposition, lui a amené un grand nombre de visiteurs, qui tous ont admiré cet autel.

Tout le monde connaît le talent de M. Derrode pour la peinture, la sculpture, et la réputation qu'il s'est acquise parmi le clergé. C'est à M. Derrode que Mme Adélaïde d'Orléans avait confié le décor de sa chapelle du château de Randan. Une statue de la Vierge, exécutée par M. Derrode, fixait principalement les regards.

Dans la reconstruction du maître-autel de l'église de Saint-Julien, de Brioude, M. Derrode n'a pas été au-dessous de ses précédents travaux. Avec des fragments mutilés de l'ancien autel de Saint-Julien, il a recomposé un nouvel autel d'après l'ancienne ornementation, à laquelle il a ajouté beaucoup de nouveaux ornements dans le même style et d'après les anciennes chartes et légendes ou chroniques du pays. Il a fait lui-même toute cette nouvelle composition, toute la charpente et la sculpture, dans laquelle l'ancienne n'entre pas pour moitié, et la dorure en entier, et il a dirigé en personne tous les travaux secondaires de ses nombreux ouvriers.

On doit aussi à M. Derrode d'avoir formé de bons élèves, dont une partie travaille dans les autres ateliers de cette ville.

M. *Dufay* a exposé aussi un autel byzantin en bois de chêne, deux socles, et un panneau gothique. Cet autel, destiné à l'une des chapelles actuellement en construction dans l'église du Port, laisse bien quelque chose à désirer sous le rapport de l'art, mais il indique de l'habileté dans l'ouvrier et une grande facilité de sculpture.

M. *Jeuf* a exposé aussi une chaire à prêcher dans un état d'achèvement peu avancé, qui suffit cependant pour laisser apercevoir un mélange de style corinthien et Louis XIV. Les chapiteaux des colonnettes sont fort bien sculptés. En revanche, une petite figure de saint, qui sert de spécimen à celles qui doivent orner la chaire, est loin d'être parfaite.

Il y a bien aussi quelques réserves à faire sur l'autel exposé par M. *Mannerange*, mais les proportions sont bonnes et l'exécution ne laisse rien à désirer.

M. *Bragnan*, Baptiste, a placé dans la salle une étagère de buffet en bois de noyer. La sculpture des consoles est un peu maigre relativement aux deux sujets, mais le fronton est bien ; les joints sont bien faits, ainsi que les assemblages.

M. *Robin* a exposé un tabernacle et deux anges adorateurs, qui, heureusement pour sa réputation, ne sortent pas de son atelier de sculpture, mais qui ont été présentés comme échantillon de dorure, et plus tard, il a complété son exposition par une chaire et un escalier très-bien fait.

La photographie est venue à son tour vous montrer ses progrès.

M. *Berubet* a placé, dans la galerie destinée aux tableaux, des portraits au daguéréotype et de belles photographies. Ceux qui savent toute la patience, toute la persévérance qu'il faut avoir pour suivre avec fruit les progrès d'un art qui marche maintenant avec tant de rapidité, sauront gré à M. Berubet de ses succès et de la constante application qui les détermine.

L'école d'architecture et de sculpture, fondée à Volvic par le comte de Chabrol, a produit de nombreux élèves, qui se distinguent aujourd'hui par leurs travaux. Si les constructions qui s'élèvent de toutes parts à Clermont ne donnaient pas des preuves nombreuses de leur talent, nous les verrions dans le bas-relief et dans les deux lions sculptés, exposés par MM. *Bœuf* et *Chaneboux*, de Volvic.

Les imitations de marbre de M. *Jabert* doivent nécessairement trouver quantité d'applications heureuses et utiles. Quoique le temps décide de sa conservation et de sa durée, cette matière ne remplacera jamais qu'imparfaitement le marbre dans la construction d'un objet qui se voit d'aussi près qu'un autel. Quoi qu'il en soit, celui que M. Jabert a exposé a au moins le mérite d'un prix accessible aux paroisses qui ne peuvent faire la dépense du marbre. On doit regretter cependant que des ouvriers, d'ailleurs fort habiles, mais qui manquent d'instruction première, se hasardent à exécuter, sans plans et sans modèles, sans soumettre au moins à un contrôle éclairé, des conceptions auxquelles tout le mérite du travail manuel ne peut donner la perfection.

M. *Bionnet*, polisseur marbrier, a exposé un autel en miniature, qui a demandé beaucoup de soins et qui peut servir d'échantillon pour son talent.

Les articles de goût commencent à se répandre chez nos ouvriers. M. *Rogron* fils a déposé des modèles de papiers posés avec baguettes dorées et encadrement qui ne laissent rien à désirer.

De très-beaux échantillons de lettres, de peintures, de décors de marbre et de faux bois ont été placés par M. *Gauvain* sur un des murs de la grande salle. Le public, qui n'a cessé d'applaudir à cette exposition, a prouvé que les étrangers n'avaient pas seuls le privilége de décorer nos appartements avec goût et avec élégance. M. Gauvain est un élève de l'école municipale de Clermont.

C'est encore à la décoration qu'appartient l'encadrement d'un christ, par M. *Martin*, ouvrier chez M. Pelletier, ainsi qu'un chemin de croix en relief, estampé avec des matrices à l'usage du commerce.

5e CATÉGORIE. — *Ébénisterie, menuiserie, pianos, saboterie, etc.*

Nous devons placer dans cette série les objets d'ébénisterie, la plupart fabriqués en noyer, en frêne ou cerisier, dont les bois noueux et contournés fournissent en Auvergne de si beaux plaqués.

L'habileté de nos ébénistes doit nous faire désirer que l'emploi de nos beaux bois indigènes puisse prendre le dessus sur les bois exotiques pour nos ameublements. La manière dont ces meubles sont exécutés à Clermont, leur fini et leur solidité, doivent certainement amener à cette préférence.

Nous avons placé en première ligne, pour l'ébénisterie, M. *Faucher*, qui a exposé un lit et une armoire à glace. Malgré la difficulté que le bois de frêne présente au travail, on y voit quantité de moulures et de courbes dont le placage a dû exiger beaucoup de peine et d'habileté. Ces meubles, d'un prix modéré, n'avaient pas été faits pour l'exposition. Ils méritent les plus grands encouragements.

M. *Lhéritier* a présenté une jolie toilette en noyer, fermant à cylindre;

Une armoire à glace en noyer, faite par un jeune élève ébéniste;

Un lit en cerisier très-bien fait;

Une armoire à glace en acajou et en palissandre. Il est malheureux que le tiroir qui est en dedans, sous une tablette, ait été aussi mal ajusté et d'un balancement disgracieux. La corniche et le chapiteau de cette armoire sont très bien. Le meuble est d'une bonne exécution;

Une toilette en acajou et palissandre, d'un travail ordinaire;

Et un bureau en poirier noirci, imitant le bois d'ébène et à divers secrets. C'est un ouvrage bien fait, d'un beau et bon travail, et qui annonce une grande habileté en ébénisterie de la part de l'ouvrier qui l'a confectionné.

M. *Quinsat* a exposé une console, ordinaire pour le travail ; la sculpture est massive, les queues des tiroirs sont très-ordinaires.

Une table de salle à manger en noyer à coulisses, portant avec elle les allonges. Si l'idée des allonges lui appartient, la chose est bien conçue, d'un arrangement solide et de plus, très-bien exécutée.

Une table ovale en chêne à tiroir. — Meuble très-bien fait.

Une table en acajou, ordinaire.

Une table de nuit en acajou et à ouvrage à deux battants. Le travail est tout à fait ordinaire, surtout dans l'intérieur et les tiroirs.

Un bois de lit en acajou et un bureau-commode en acajou, dont les tiroirs sont mal ajustés. Malgré ces petites imperfections, le lot de M. Quinsat est remarquable, et mérite aussi, comme celui de M. Lhéritier, de figurer parmi les premiers.

M. *Poux-Mallard* a exposé un secrétaire en acajou, filets noirs intérieurement, très-ordinaire pour le travail, et un meuble en palissandre, d'une composition toute particulière, et pouvant servir à la fois de toilette, de bureau, de commode et d'armoire à glace. Si la conception de ce meuble ne présente pas autant d'utilité que le pense l'inventeur, on peut dire au moins qu'il est parfaitement exécuté et annonce un ouvrier très-capable.

MM. *Toureix* et *Jérôme Mouton-Chaput*, à Clermont, ont déposé un lit en noyer garni de glaces mobiles et qui peuvent servir de toilette. Ces meubles compliqués, et servant à plusieurs usages, peuvent avoir leur bon côté, mais en général ils n'ont pas autant d'utilité que se le figurent les exposants.

M. *Desmaroux*, à Glermont, a présenté un lit-table, breveté, commode dans quelques circonstances et bien exécuté.

Le banc de menuisier et les outils exposés par M. *Chassort*, présentent une rare perfection. Cet exposant mérite tous les encouragements de la chambre, non seulement pour le meuble exposé sous son nom, mais pour sa participation à la confection de pièces exposées par d'autres, et notamment d'un bureau en poirier noirci, présenté par M *Lhéritier*.

Nous plaçons avec l'ébénisterie le beau billard en palissandre, exposé par M. *Couturier*. Ce meuble, parfaitement exécuté, a été justement apprécié des connaisseurs.

Enfin, l'ébénisterie et la confection des pianos a montré combien l'industrie pouvait s'étendre dans notre pays. Deux fabricants se sont présentés avec de très-beaux et très-bons produits.

M. *Verani*, auquel on doit la création de cette industrie à Glermont, a déposé plusieurs instruments d'un travail très fini, d'une très belle exécution, et dont la sonorité et la justesse des tons ont été très-appréciés des visiteurs.

M. *Bonnenfant* s'est montré aussi digne de la réputation qu'il a acquise dans cette fabrication; il a présenté plusieurs pianos en palissandre et en bois d'if. L'ébénisterie de ces pianos est faite avec beaucoup de soin, et le placage, toujours difficile sur les moulures et les parties tortueuses, a été très-bien exécuté.

Mais nos bois ne servent pas seulement à l'ébénisterie; nous allons les voir concourir à la menuiserie, à la tonnellerie, à la saboterie, etc.

Ainsi, M. *Vaury* fils, entrepreneur à Clermont, a présenté deux croisées d'un nouveau système. Elles ont pour but:

1° De fermer hermétiquement;

2° D'empêcher infailliblement la pénétration de l'air et de la pluie au plus mauvais aspect.

M. *Leguillon*, ouvrier chez M. Xavier, a aussi exposé une croisée offrant un mécanisme particulier.

M. *Blanc*, menuisier à Riom, a présenté des appareils à boucher les bouteilles.

La tonnellerie de M. *Chanell* a été déjà récompensée, mais la précision de ses mesures et leur bonne confection méritent encore vos encouragements.

M. *Dallemas*, layetier, a rendu un véritable service en introduisant à Clermont ce genre de confection qui n'existait pas. Il y a peu d'années encore, on faisait venir de Paris tous ces coffres d'emballage dont les voyageurs et surtout les voyageuses savent apprécier toute l'utilité. Ces coffres nous ont paru bien faits et commodes.

M. *Rogron, Prosper*, fabrique aussi des caisses de voyage. Cet ouvrier ingénieux vous a montré, à plusieurs reprises, des preuves de son intelligence et de son habileté dans divers travaux et de son goût dans les décors.

M. *Banny*, sabotier à Clermont, a exposé plusieurs paires de sabots où l'on remarque tous les degrés d'élégance, depuis le sabot ordinaire jusqu'à la galoche, qui rivalise de luxe avec le brodequin. On remarque aussi des sabots formant la guêtre, claqués et vernis et boutonnant sur le côté. Ils sont cloués intérieurement. Des bottines en drap fourré en molleton, claquées et vernies, et des bottines en feutre de couleur imprimé; des sabots tout en bois imitant le cuir du soulier, etc.

La plupart de ces objets sont cloués avec de petits crampons en fil de fer, de sorte qu'il est impossible que l'humidité pénètre à l'intérieur.

MM. *Roux* et *Constant*, à Champétières, près d'Ambert, vous ont apporté des galoches très-bien faites. En perçant le talon dans le bois inférieur, ils apportent une économie notable dans la fabrication.

Nous devons mentionner aussi les semelles de bois de la fabrique de MM. *Penet, Jean* et *Louis*, à Clermont.

Enfin, l'art du tourneur qui, dans notre département, compte de nombreux et d'habiles ouvriers, a offert aussi son contingent.

M. *Guillot*, tourneur de chaises à Pont-du Château, a présenté des objets d'une utilité incontestable, des barattes tournantes pour le beurre, et, de plus, il a fait preuve d'une très-grande habileté dans les pièces si délicatement tournées qu'il a jointes à son exposition.

M. *Delfieux*, tourneur tapissier à Issoire, a envoyé un fauteuil et des champignons faits avec soin ; et l'on doit à M. *Viedrines*, rue Savaron, un fauteuil en velours très-bien confectionné.

6e CATEGORIE. — *Industrie des tissus.*

Cette vaste industrie, si développée dans un grand nombre de nos départements manufacturiers, se trouve disséminée dans le nôtre, et ne fait presque nulle part la base de grands établissements industriels. L'arrondissement d'Ambert est à peu près le seul où il existe de véritables fabriques de tissus.

Vous avez reçu de M. *Vimal-Vialis* jeune, d'Ambert, cinq pièces d'étamines variées en couleur et dont vous avez apprécié la bonne exécution.

M. *Gustave Celeyron-Vimal*, de la maison *Vimal-Vimal et fils aîné*, vous a déposé aussi trois pièces et huit coupons de ces mêmes étoffes. Cette industrie, qui appartient aux environs d'Ambert, mérite d'être encouragée. Elle facilite l'existence de pauvres familles dans un pays peu fertile et peu commerçant.

MM. *Teissier* et compagnie, à Maringues. La fabrique de couvertures des Moulins, près Maringues, vous a aussi envoyé ses produits. Ce sont quatre couvertures de laine, dont vous avez apprécié la bonne confection.

MM. *Gérin* cadet et compagnie, fabricants à Sayat, ont envoyé des couvertures et des draps ordinaires de leur fabrique. Cette usine emploie un bon nombre d'ouvriers et mérite d'être encouragée.

La grande filature de chanvre de Saint-Martin vous a mis à même d'apprécier ses produits. Il est regrettable que nos chanvres d'Auvergne ne soient pas tous d'assez bonne qualité pour être filés dans cette vaste usine. La chambre n'en doit pas moins tous ses encouragements à MM. *Nicolle* et *Rigotti*, qui sont à la tête de cet établissement.

Dans cette industrie des fils et des toiles, nous pouvons passer de la grande fabrique au travail privé. Le département du Puy-de-Dôme, et notamment la ville de Clermont, renferme un grand nombre d'ouvriers tisserands, généralement laborieux, mais vivant ignorés dans les faubourgs sans que la moindre parole d'encouragement parvienne jusqu'à eux, et cependant le talent se rencontre souvent dans leurs simples ateliers.

Un seul, M. *Malfériol-Lajeofrérie*, vient prendre part au concours et vous présente une nappe dont le mérite n'est malheureusement pas relevé par la finesse du fil. Nous y avons apprécié les ligatures très-fines, régulièrement graduées sur un fond satin, la simplicité et la pureté du dessin et la netteté d'exécution obtenue par une modification du métier à la Jacquard.

Le docteur *Mavel* et sa sœur, d'Ambert, vous ont montré la belle qualité de soie grège que l'on peut obtenir même dans les montagnes de notre département.

Vous avez reçu aussi un échantillon de cocons de M. *Chanson-Ponteix*, de Saint-Amant-Tallende.

M. *Doisteau*, rue des Bonnes Femmes, vous a exposé un tapis et deux descentes de lit, œuvres de patience et de travail, qui ont excité plus d'étonnement que d'admiration.

Les ouvrages brodés de Mme *Segret-Lompré*, de Blesle, indiquent beaucoup de patience et de talent. Ce sont de très-beaux produits qui ont été très-appréciés des dames et des vrais connaisseurs.

La chapellerie n'est représentée que par un seul exposant, M. *Delaporte*, de Riom. Ses feutres en castor, rat musqué et lièvre d'Auvergne, sont aussi beaux et aussi doux qu'on puisse le désirer.

M. *Torrilhon* a ajouté une spécialité nouvelle à l'industrie de Clermont. Il a placé dans votre salle un assortiment de manteaux caoutchouc en tous genres, sous les dénominations ci-après : vareuses, cabans, collets à manches, pardessus double face, talmas, Charles-quint, vêtements de chasse, jambières et autres. Ces deux derniers vêtements offrent l'avantage au chasseur de pouvoir sortir même avec la pluie, et leur peu de volume lui permet encore de les mettre, sans inconvénient, dans son carnier.

Il est à remarquer que les tissus employés à la construction de ces manteaux sont d'une imperméabilité telle, que plusieurs sachets pleins d'eau sont exposés près de ces vêtements et n'ont subi aucune altération par le séjour de ce liquide.

L'art du cordier a été aussi représenté dans cette exposition.

Nous placerons en première ligne M. *Pieux-Aubert*, de Clermont, pour ses câbles plats et pour la confection des câbles en fil de fer. Il a exposé le tronçon d'un câble qui avait 3 kilomètres de longueur, et qu'il a dû fabriquer le long de la route de Pont-du-Château.

On doit à M. *Guerin-Mazet*, de Billom, un très-joli hamac ne pesant qu'un kilogramme, et par conséquent très-portatif comme lit de campagne, et de plus un petit hamac d'enfant très-bien fait, une corde imitée des cordages à la mécanique employés dans la marine. Chaque fil soutient sa part de force, le cordage est souple et ne s'allonge jamais. Il y a aussi une corde septin très-remarquable par son fini.

M. *Clavel* aîné, cordier à Clermont, a exposé de nombreux articles très-bien faits, parmi lesquels on distingue surtout des ficelles fines pour fouets et carnassières, des cordons de corsets à la paresseuse bien plus solides que la gance, des cordons de sonnettes, etc.

M. *Rudel*, cordier à Pont-du-Château, a exposé une corde satinée sur merlin de 147 fils de 66 m. et réduite à 11 mètres; une échelle de corde à crochets pour le sauvetage dans des incendies, et une paire de traits sans nœuds et sans soudure.

M. *Parris-Parrot*, de Pont-du-Château, vous a adressé aussi des câbles et des cordes d'une très-belle exécution.

Nous devions nous attendre à recevoir divers lots de papiers de nos manufactures de Saint-Vincent, de Thiers et d'Ambert. Cette dernière ville seule a répondu à notre appel.

M. *Begonin, Joseph*, fabricant de papiers, près d'Ambert, vous a adressé un très-bel échantillon de papier Joseph. Ce papier est fabriqué avec des cotonnades de diverses couleurs que l'on blanchit au chlore. Ambert est, comme vous le savez, la seule localité en France où ces papiers soient fabriqués. Le prix peu élevé, indiqué par M. Begonin, est un motif de plus pour lui concilier les suffrages de la chambre.

M. *Debiton*, de la même localité, vous a offert aussi un magnifique produit que nous plaçons sur la même ligne que le précédent.

Enfin, nous devons placer à la fin de cette catégorie destinée aux tissus, l'élégant modèle du métier Jacquard, exposé par M. *Franche*.

Jusqu'à ce jour, il a été difficile de pouvoir exécuter et produire de l'étoffe nette sur un métier aussi petit que celui-ci.

Ordinairement pour arriver à cette fabrication, chacun a sa partie. Ainsi le dessinateur fait le dessin, le chef d'atelier monte le métier d'après la disposition donnée par le fabricant, le liseur lit le dessin d'après la carte, l'ourdisseuse ourdit la chaîne et l'ouvrier tisse. M. Franche a tout réuni, afin de n'avoir besoin du secours de personne, c'est-à-dire qu'il fait tout lui-même.

Le métier Jacquard, comme tous les métiers de tissage, est mu par le pied qui foule une marche sur le devant. Dans ce petit métier miniature on a supprimé la foule (ou marche) en adaptant un mécanisme au battant, qui, en même temps que ce dernier se meut, fait mouvoir la mécanique. L'ouvrier n'a donc plus que le battant à faire aller et venir.

A ce métier, M. Franche a joint un album (ou carnet) contenant 135 dessins différents avec cartes, dispositions et étoffes en regard, tous fabriqués sur ce petit métier. Tous ces dessins peuvent s'exécuter simplement en changeant les cartons.

7e CATÉGORIE. — *Arts mécaniques, machines, serrurerie et coutellerie.*

M. *Lamy* a déposé une machine électro-magnétique, dont il s'occupe depuis longtemps et qu'il espère pouvoir employer comme moteur. Nous ne donnons pas ici la description de cette machine, qui exige encore des modifications, mais qui paraît fondée sur des principes raisonnables. Un des reproches les plus fondés que l'on adresse aujourd'hui aux moteurs électro-dynamiques, dont plusieurs fonctionnent déjà, c'est le prix de revient et la dépense trop forte pour la puissance fournie. M. Lamy fait observer que le sulfate de zinc, l'un des résultats du liquide excitant, servant aujourd'hui à galvaniser, la dépense se trouve déjà diminuée.

L'appareil magnéto-électrique, présenté par M. *Argillet*, est également propre à produire des effets physiques et des effets physiologiques. Le condensateur, interposé dans le courant inducteur, en détruisant l'électricité de tension qui réagit sur le véritable courant d'induction en sens contraire du courant voltaïque, permet au courant induit de prendre une très-grande extension et de fournir de très-belles étincelles électriques.

Les dispositions de l'appareil permettant d'introduire graduellement un cylindre en fer-blanc dans la bobine d'induction, il devient très-facile de régler la force de l'appareil et l'intensité des commotions que l'on veut produire dans les effets physiologiques; elles sont des plus fortes quand le cylindre est entièrement enfoncé, et les plus faibles quand le cylindre a été retiré.

Comme tous les appareils de ce genre, celui-ci marche au moyen d'un élément de Bunzen. Les vibrations sont produites par un interrupteur de de La Rive, interposé dans le circuit inducteur, lequel fait naître dans le fil d'induction les courants dont on ressent les effets par l'intermédiaire des manipules et qui donnent lieu à la production de l'étincelle électrique.

Le lot de M. *Deldevez* se compose d'une pompe aspirante et foulante, destinée à la démonstration, d'une machine électrique et d'une machine pneumatique.

La machine électrique diffère des machines ordinaires par l'addition d'un conducteur vertical communiquant avec les coussins; elle donne par conséquent les deux électricités, et présente en outre, par sa disposition, l'avantage d'une charge plus considérable.

Dans cette machine, la décomposition du fluide est plus facile que dans les machines ordinaires, attendu qu'une partie de l'électricité positive est dissimulée par la présence de l'électricité négative, qui agit à une distance que l'on peut faire varier à volonté; de sorte que l'électricité qui recouvre les conducteurs se compose de l'électricité libre, qui est en quantité égale à celle des machines ordinaires; plus, de l'électricité latente ou dissimulée. Dans cette machine, la charge se trouve donc augmentée de toute cette électricité dissimulée.

La machine *pneumatique* exposée marche par un mouvement de rotation continu par engrenage. Ce mouvement est combiné par l'exposant.

Parmi les objets qui tiennent à la chimie et à la physique, nous devons placer les appareils à fabriquer les eaux minérales.

M. *Auguste Gaffard*, pharmacien à Aurillac, vous a adressé une machine pour la fabrication des eaux gazeuses. Cet appareil, très-bien conçu et habilement exécuté, se recommande encore par un prix peu élevé. Il donne à chaque opération vingt bouteilles d'eau gazeuse. M. Gaffard, frappé de la complication des machines et appareils à eau gazeuse, a cherché à leur substituer une machine, moins coûteuse, moins embarrassante, plus facile à manier, et, selon nous, il a complétement réussi. Un des plus grands perfectionnements introduits par M. Gaffard est l'emploi du bicarbonate de soude pour obtenir l'acide carbonique. Ce procédé, qui, au premier abord, semble entraîner à une dépense plus considérable, devient, au contraire, une économie, depuis que le bicarbonate est descendu à un prix très-bas ; car la facilité avec laquelle ce sel abandonne son gaz permet de diminuer la dose d'acide sulfurique. D'un autre côté, le gaz si pur produit des boissons exemptes de mauvais goût et qui ne laissent jamais cet arrière-goût, dont il est si difficile de débarrasser le gaz carbonique échappé de la craie. La fabrication des vins mousseux devient facile avec cet appareil, et ces vins ne laissent rien à désirer.

M. Gaffard a donc rendu un véritable service aux nombreux consommateurs d'eaux gazeuses, en inventant une machine aussi sûre et aussi commode.

M. *Dedieu*, chaudronnier à Clermont, a exposé aussi un élégant appareil destiné à la fabrication des eaux gazeuses. Cet appareil a l'avantage : 1° d'éviter l'engorgement des soupapes par la superposition du liquide qui les tient constamment humectées et à l'abri de tout dérangement ; 2° une saturation plus complète du liquide par le mouvement oscillatoire de la pompe qui la commence et par le jeu de l'hélice à godets qui l'achève dans le récipient sphérique ; 3° la facilité du fonctionnement de l'appareil à 5 ou 6 atmosphères avec autant de saturation qu'à 10 atmosphères dans les autres appareils. D'où il suit que celui de M. Dedieu donne de meilleure eau gazeuse avec une notable diminution de temps et de force motrice, ainsi qu'avec une grande économie de frais d'entretien.

M. *de Louvrier de Lajolais* est parvenu, au moyen d'une machine aussi ingénieuse que les calculs qui lui ont donné naissance, à fabriquer, sans modèle, des pièces de fonte, et notamment des roues divisées portant le nombre de dents demandé. Il a exposé une de ces roues et un ventilateur à ailes courbes qui présentent de grandes difficultés. Si, comme le pense la chambre, les pièces ainsi fabriquées sont acceptées par l'industrie, ce sera une économie de temps et d'argent apportée dans la construction des machines, et digne de tous nos encouragements.

MM. *Plagniard*, oncle et neveu, à Vic-le-Comte, ont placé dans la salle une horloge de clocher à répétition, sonnant l'heure et la demie, avec deux corps de rouages, ressort d'égalité pour que la marche de l'horloge ne soit point interrompue pendant le montage, avec suspensions perfectionnées, sans interdire la marche de l'horloge pour l'avance ou le retard. Cette horloge fonctionne avec 1 kil. 1/2 de poids.

Et de plus, une machine à percer portative propre à servir à toute espèce de travail, en campagne comme à l'atelier, même dans les endroits étroits. Elle peut s'adapter avec facilité sur les premiers morceaux de bois venus, en cas pressé.

M. *Barissa*, peintre à Issoire, vous a envoyé un modèle offrant l'application de l'hélice à la locomotive. Il y a certainement quelque chose d'ingénieux dans cette application, et si, par suite, elle n'est pas adoptée pour les parcours sur des plans horizontaux, peut-être pourra-t-elle devenir utile pour remonter des plans inclinés. M. Barissa s'est pourvu d'un brevet. La chambre n'est pas apte à juger entièrement du mérite de cette application, mais elle lui paraît neuve, et elle désire encourager de ses suffrages le génie inventif de l'auteur.

M. *Boyer, Claude*, de Clermont, a exposé un petit modèle très-bien fait de machines à becquets imitant tous les mouvements des grandes machines et pouvant fonctionner un quart-d'heure.

Nous devons à M. *Cusson* une vitrine contenant de très-belles armes fabriquées d'après son nouveau système. On sait que cet habile armurier a déjà été breveté pour son système de balles cylindro-coniques à fond creux, emboîtant le fond de la culasse contenant la charge, et qui décuple la portée des armes.

Il a établi, d'après le même système, un nouveau porte-amarre ou obusier de sauvetage appelé à rendre de grands services à la marine.

M. Cusson mérite nos plus grands encouragements.

La serrurerie nous a offert de très-beaux produits.

Les objets exposés par M. *Dumas-Rudel* sont d'une très-bonne exécution et dénotent dans ce fabricant une grande intelligence de mécanisme. Ces objets sont nombreux. Ce sont :

1° Un portefeuille fermé avec une serrure à combinaisons dont on peut changer le mot à volonté. La personne qui ferme cette serrure peut seule l'ouvrir, si elle n'a point confié à d'autres personnes le mot qu'elle a formé.

2° Une cache-entrée capable d'être adaptée à toute serrure quelconque, bonne ou mauvaise. Cette cache-entrée, qui est à garde mobile et incrochetable, a pour but d'empêcher le malfaiteur d'introduire dans la serrure un crochet ou une fausse clé.

L'instrument dont on se sert pour la fermer est d'un poids si léger, d'une structure si commode, qu'il peut être placé sans aucun embarras dans le plus petit porte-monnaie.

3° Une serrure à clé de moyenne grosseur, serrure d'un nouveau système qui s'adapte à toute serrure possible, et qui offre le grand avantage de l'impossibilité d'être ouverte par aucun employé, ouvrier, domestique, bien que la clé en reste sur place. Elle convient surtout aux bureaux et aux caisses.

4° Un petit coffret pour dames fermant avec une serrure d'après le système précédent.

5° Deux cache-entrées de coffres-forts d'un genre

nouveau, formant un ingénieux bouton qui a le double avantage de figurer comme ornement.

Ces cache-entrées ont été créées, dessinées et modelées par l'ouvrier lui-même, qui est aussi l'inventeur et l'unique propriétaire des pièces mentionnées ci-dessus et ci-après.

6° Une cache-entrée de voyage pouvant se fixer à toutes les portes. Cette invention est de la plus grande utilité aux voyageurs du commerce, exposés à laisser le plus souvent leurs marchandises déballées dans leur hôtel.

7° Une serrure mécanique, unique, de dix kilog., qu'une clé de cinq grammes fait mouvoir. Cette serrure est pour caisse, banque, grille, édifice.

8° Un va-et-vient, mouvement mécanique, renfermant en lui-même une grande force pour faire mouvoir pompe à eau, pompe à incendie, machines, arbres de tour. Il a le triple avantage d'augmenter la célérité de l'action, d'alléger la peine du travailleur, de suppléer à des bras.

M. *Doumeaux jeune*, serrurier à Clermont ; un coffre-fort bien exécuté et un système de persiennes en fer.

M. *Léon-Mathieu*, poseur de sonnettes, a disposé un cadre de sonnettes très-commode et très-élégant. Ce système évite la multiplicité des sonnettes. Une seule suffit, et cependant ne laisse aucun doute sur la salle ou le cabinet qui appelle. Les cordons et boutons posés à cet indicateur fonctionnent dans tous les sens, quel que soit le tirage, droit, perpendiculaire, horizontal, circulaire, ou par pression.

Nous plaçons près de la serrurerie MM. Lhéritiers frères.

Plusieurs articles de carrosserie, de sellerie, ont été exposés par MM. *Lhéritier frères*, de Clermont. Des modèles de wagons et des objets de corderie complètent l'assortiment remarquable des objets de leur importante fabrique.

Enfin nous joignons à la carrosserie les lanternes de voitures de M. *Vigier*, ferblantier à Aurillac.

M. Vigier est le premier en France qui ait appliqué à l'éclairage des voitures la flamme à double courant, c'est-à-dire la flamme provenant de mèches tubulaires avec verre à quinquet. Il fournissait déjà un très-grand nombre de ses produits à toutes les messageries de France, lorsque M. Chibret, entrepreneur de voitures publiques, allant à Paris et voulant acheter des lanternes éclairant à l'huile, à la manière d'un quinquet, ne put en trouver qu'à mèche plate; et un des premiers fabricants de la capitale à qui M. Chibret conseillait de faire des lanternes à mèche tubulaire, lui répondit que la chose était impossible.

Les lanternes qu'expose M. Vigier se distinguent par la bonne appropriation à la destination qu'on veut leur donner, et la forme de leurs miroirs s'éloigne plus ou moins de la parabole selon cette destination. Leur effet, comparé à celles que produit ailleurs notre industrie, fera mieux ressortir leurs qualités que les théories.

L'activité laborieuse des habitants de l'Auvergne est développée au plus haut degré dans la région montagneuse qui environne la ville de Thiers. Là, point d'émigration faute de travail pendant les longs hivers, point de chômage dans les mauvais jours d'été; femmes et enfants travaillent continuellement; chaque instant est utilisé, et tout ce qui n'est pas indispensable à l'agriculture est donné à la coutellerie qui, dans cette contrée, occupe tous les bras, comme l'horlogerie dans les montagnes de la Suisse et du Jura.

Il résulte de cette combinaison du travail agricole dans la belle saison et les beaux jours, et du travail industriel dans le foyer, un extrême bon marché, des prix de vente tellement bas, qu'il serait presque impossible de croire à leur réalité, si nous n'avions vu le fait confirmé par de nombreux fabricants, et s'il ne l'était aussi cette année par plusieurs exposants dont les produits méritent votre sérieuse attention.

Déjà, en 1844, nous exprimions, dans notre rapport, le désir de voir presque partout l'industrie quitter les villes pour se répandre dans les campagnes, où les avantages que présente son développement sont immenses. Aujourd'hui plus que jamais il y a nécessité de favoriser non-seulement les industries disséminées, comme la coutellerie de Thiers; mais il est indispensable d'attirer, par des primes, des récompenses et des écoles gratuites, des fabrications nouvelles dans les points où les travaux agricoles laissent un peu de chômage au cultivateur. Le bon marché qui résulte des conditions d'existence des ouvriers permet de nombreuses exportations qui font la richesse d'un pays. Thiers en est un exemple.

C'est donc principalement sur la modicité des prix que nous appelons votre attention, en vous priant toutefois de reconnaître comme nous que cet abaissement, dans le prix de revient, et par suite dans le prix de vente, n'exclut pas toujours une bonne qualité et quelquefois un fini qui peut lutter avec la coutellerie la plus recherchée et la plus soignée.

La position exceptionnelle de Thiers, à peu de distance de Saint-Etienne, la persévérance et l'amour du travail de ses habitants qui, dès la plus tendre enfance, sont habitués à ce genre d'industrie, expliquent jusqu'à un certain point les résultats qu'ils obtiennent et le développement d'un commerce qui s'étend à la France, à l'Espagne et à ses anciennes possessions américaines, à l'Italie, à Constantinople et à une partie de l'Asie, comme à nos possessions françaises du littoral de l'Afrique.

M. *Soanem-Biguet*, coutelier à Thiers, a adressé une montre de coutellerie, dans laquelle on distingue des articles très-bien faits et à des prix très bas. Ses grands couteaux de table notamment sont d'une très-belle exécution.

M. *Chazeaux-Faye*, coutelier à Thiers, vous a déposé une série de couteaux dont il a fabriqué lui-même toutes les pièces et l'ajustage. Plusieurs de ces couteaux portent une romaine et servent par conséquent à divers usages. Le travail nous a paru assez soigné, mais les prix trop élevés.

M. *Mas*, coutelier à Clermont, a aussi exposé une carte de couteaux dont la fabrication nous a paru très-bien faite, mais dont le prix est trop élevé.

M. *Delcros*, bandagiste à Clermont, dont la fabrication a été souvent récompensée dans des expositions précédentes, ne vous a pas offert cette année ses beaux produits de coutellerie. Il s'est contenté d'exposer quelques appareils de chirurgie, où vous avez reconnu tous les soins de cet habile ouvrier. Ce sont : 1° un appareil ordinaire pour la difformité des pieds bots ; 2° un autre appareil avec vis de rappel ; et 3° un pied artificiel. L'avantage de cet appareil consiste dans son prix modéré et dans la solidité de son mécanisme. Les mouvements sont très-doux, et la personne qui porte ce pied pourrait au besoin le réparer elle même en cas d'accident. En outre, l'appareil ne fait aucun bruit en marchant. Quant au prix, M. Delcros se charge de faire l'appareil pour 60 à 70 fr.

8e CATÉGORIE. — *Objets divers.*

Comme nous l'avons déjà dit, nous réunissons ici les objets qui, par leur nature ou par leur variété, n'ont pu trouver place dans les revues précédentes.

MM. *Thibaud* frères, imprimeurs à Clermont-

Ferrand, vous ont offert des modèles d'impression typographique.

Art. 1er. Divers ouvrages brochés et reliés, les uns d'une impression courante, ordinaire; d'autres qui, imprimés avec luxe et encadrements de couleur, ont demandé d'autant plus de soins, qu'ils présentaient plus de difficultés au tirage, qui a été entièrement fait sur clichés, également exécutés dans leurs ateliers.

Les reliures ont aussi été exécutées dans leur atelier, et s'ils n'ont pas exposé des reliures plus belles et plus riches, ce n'est pas parce qu'ils ne peuvent pas les faire, mais simplement parce qu'ils trouveraient sans mérite d'exposer des reliures ou objets quelconques ornés de nacre, ivoire, écaille, sculptés et gravés à Paris ou à Dieppe.

Art. 2. Des fermoirs à extension, dont le mérite est:

1° De pouvoir s'ouvrir à mesure que le livre s'épaissit par l'usure ou par les gravures que les dames mettent dans leurs livres de prières;

2° De mettre les petits libraires à même de pouvoir monter des volumes de diverses grosseurs, avec un ou deux fermoirs seulement de provision.

Art. 3. Un coupe-chiffons, pouvant marcher à bras ou par moteur hydraulique ou à vapeur.

L'avantage de ce coupe-chiffons est:

1° D'aller aussi vite qu'on le désire par le moyen de la transmission;

2° D'employer très-peu de force par la manière dont il est monté;

3° D'éviter la poussière, si préjudiciable à la santé des personnes qui, jusqu'à présent, ont coupé le chiffon avec de vieilles faulx.

Les coupe-chiffons mécaniques, employés précédemment dans leur fabrique et dans les autres fabriques de papier et de carton, en outre qu'ils coupent lentement et très-mal le chiffon, sont encore si dangereux, que la plupart des personnes employées à ce service aimaient mieux s'en aller que d'y travailler davantage, lorsqu'elles ne refusent pas dès le principe de l'essayer.

M. *Rico*, naturaliste préparateur à Clermont, a arrêté les nombreux visiteurs de l'exposition devant un renard presque vivant, qui dévore une proie palpitante. Près de là, il avait réuni en un groupe charmant les oiseaux des tropiques, aux éclatantes couleurs, et des fleurs en émail, artistement exécutées. Une vitrine qu'il a exposée en commun avec M. *Ducros*, présentait, dans un état de conservation et d'arrangement des plus attrayants, des œufs d'oiseau, des mollusques et une collection d'yeux d'émail et jusqu'à des mousses, des lichens et des fougères, qui semblaient végéter encore dans les lieux que la nature leur avait destinés.

M. *Champolaux*, artiste à Clermont, a présenté de très-jolis ouvrages en cheveux.

Et M. *Plot*, d'Issoire, vous a aussi adressé une vitrine de médaillons, qui témoigne de son adresse et de son talent.

M. *Valadier*, parfumeur à Clermont. On connaissait depuis longtemps les parfumeries préparées par M. Valadier; elles n'ont pas besoin de nos éloges; mais cet artiste habile a ajouté cette année à son exposition des cuirs à rasoirs particuliers, cylindriques ou ovales, qui offrent des avantages positifs sur tous les autres.

M. *Batisson*, parfumeur à Limoges, vous a adressé des pommades et des parfums, de sa fabrication, qui peuvent rivaliser avec ce qu'il y a de mieux dans les premières maisons de Paris.

M. *Poiret* fils, à Clermont. L'appareil portatif, pour fumigations sèches, de M. Poiret, a aussi mérité vos suffrages.

M. *Carlod*, doreur à Clermont. Les objets présentés par cet exposant sont des vases d'église dorés, argentés et brunis dans ses ateliers. Le développement qu'a pris, dans notre ville, l'industrie de M. Carlod, est dû surtout aux soins qu'il apporte à ses travaux.

MM. *Chalvon* père et fils, de Maringues, ont envoyé une douzaine de basanes de bonne qualité, et qu'ils livrent au commerce à des prix très-modérés.

M. *Duprat*, rue Neuve, à Clermont, a exposé deux paires de souliers et une paire de bottines en gutta-percha, industrie nouvelle pour le pays.

M. *Poncin*, *Charles*, a présenté deux sommiers élastiques, modèles d'une bonne confection.

LISTE DES EXPOSANTS

Qui ont obtenu des récompenses.

Ire CATÉGORIE. — AGRICULTURE ET ARTS AGRICOLES.

Médailles de première classe.

MM. PARDOUX, mécanicien à Randan.
DELAIRE, fabricant de charrues, à Sauxillanges.

Médailles de deuxième classe.

MM. Les habitants de Nadaillat.
CAUNEILLE, maréchal-ferrant, à Bourdon.
VERGNE, bourrelier, à Pont-du-Château.
MICHEL, forgeron, à Chamalières.

Mentions honorables.

MM. BATHOL fils, maréchal, à Clermont.
DUFRAISSE, fermier, à Lavort.

MM. GROSLIER, ANTOINE, menuisier, à Billom.
GRELICHE-RAMPAN, à Bourdon.
BIFFAUD, taillandier, à Clermont.
BUGETTE, jardinier, à Issoire.
CELLIER-VIGIOLAS, marchand, à Clermont.
MASSON, jardinier, à Riom.

IIe CATÉGORIE. — SUBSTANCES ALIMENTAIRES.

Médailles de première classe.

MM. PAYRARD, chocolatier, à Clermont.
LAMY, instituteur, à Clermont.

Médailles de deuxième classe.

MM. MURENT jeune, confiseur, à Clermont.
BARREYRE-ROUAYRE, chocolatier, à Clermont.
PICHON, chocolatier, à Clermont.

Mention honorable.

M. DOLLET-DÉPAILLER, confiseur, à Clermont.

IIIe CATÉGORIE. — OBJETS TIRÉS DU SOL.

Médailles de première classe.

MM. CHALLETON fils, chimiste.
SERRE, LAUSSEDAT et ALLAIGRE.
ARMAND et DELARFEUIL.
PERCEPIED-MAISONNEUVE.

Médailles de deuxième classe.

Mme veuve CLÉMENTEL.
MM. CHÉRON et Ce.

Mentions honorables.

MM. GROS, fabricant de tuiles.

MM. BONNEFONS, fabricant de tuiles.

IVe CATÉGORIE. — SCULPTURE, PEINTURE, ORNEMENTATION, PHOTOGRAPHIE.

Médailles de première classe.

MM. É. THIBAUD, peintre en vitraux.
DERODDE, sculpteur.
BOEUF et CHANEBOUX, de Volvic.
JABERT, fabricant de marbres artificiels.

Médailles de deuxième classe.

MM. GRONIER, ouvrier de M. É. Thibaud.
FABRE, peintre en vitraux.
DUFAY, sculpteur.
JEUF, sculpteur.
MANNERANGE, sculpteur.
BRAGNAN, sculpteur.
ROBIN, sculpteur.
BERUBET, photographe.
GAUVAIN, peintre en bâtiments.

Mentions honorables.

MM. BIONNET, polisseur-marbrier.
ROGRON fils.
MARTIN, ouvrier chez M. Pelletier.

Ve CATÉGORIE. — MEUBLES.

Médailles de première classe.

MM. FAUCHER, ébéniste.
LHERITIER, ébéniste.
QUINSAT, ébéniste.
COUTURIER, fabricant de billards.
VÉRANI, facteur de pianos.

Médailles de deuxième classe.

MM. POUX-MALLARD, ébéniste.
CHASSORT fils, menuisier.
BONNENFANT, facteur de pianos.
CHAMEIL, tonnelier.
DALLEMAS, layetier.
ROGRON, PROSPER.
BANNY, sabotier.
GUILLOT, tourneur de chaises.

Mentions honorables.

MM. TOURREIX et JÉRÔME MOUTON-CHAPUT.
DESMAROUX, marchand.
VAURY fils, entrepreneur.
LÉGUILLON, ouvrier chez M. Xavier.
BLANC, menuisier, à Riom.
ROUX et CONSTANT.
PENET, JEAN et LOUIS.
DELFIEUX, tourneur tapissier.
VEDRINE, fabricant de fauteuils.

VIe CATÉGORIE. — TISSUS.

Médailles de première classe.

MM. VIMAL-VIALIS jeune, d'Ambert.
CÉLEYRON-VIMAL, GUSTAVE, de la maison Vimal-Vimal et fils aîné.
NICOLLE et RIGOTTI, filateurs.

Médailles de deuxième classe.

MM. TEISSIER et Ce, à Maringues.
GÉRIN cadet et Ce, à Sayat.
MAVEL et sa sœur, à Ambert.
Mme SEGRET-LOMPRÉ, à Blesle.

MM. TORRILLON, marchand.
PIEUX-AUBERT, cordier.
GUÉRIN-MAZET, cordier.
CLAVEL, cordier.
RUDEL, cordier.
FRANCHE, contre-maître, à Riom.

Mentions honorables.

MM. MALFÉRIOL-LAJEOFRÉRIE, tisserand.
DOISTEAU, rue des Bonnes-Femmes.
DELAPORTE, fabricant de chapeaux.
PARIS-PARROT.
BÉGONIN, Joseph, fabricant de papier.
DÉBITON, fabricant de papier.

VIIe CATÉGORIE. — ARTS MÉCANIQUES ET MÉTALLURGIQUES.

Médailles de première classe.

MM. GAFFARD, Auguste, pharmacien à Aurillac.
DEDIEU, chaudronnier, à Clermont.
De LOUVRIER de LAJEOLAIS, mécanicien.
CUSSON-POURCHER, armurier.
DUMAS-RUDEL, mécanicien.
LHÉRITIER frères, négociants.

Médailles de deuxième classe.

MM. DELDÈVEZ aîné.
PLAGNARD oncle et neveu.
BARISSA, peintre, d'Issoire.
BOYER, Claude.
LÉON, Matthieu, poseur de sonnettes.

MM. VIGIER, ferblantier, à Aurillac.
SOANEM-BIGUET, coutelier, à Thiers.
DELCROS, coutelier bandagiste.

Mentions honorables.

MM. ARGILLET.
DOUMAUX jeune, serrurier.
CHAZEAUX-FAYE, coutelier, à Thiers.

VIIIe CATÉGORIE. — DIVERS.

Médailles de deuxième classe.

MM. THIBAUD frères, imprimeurs.
RICO, naturaliste.
VALADIER, parfumeur.
POIRET fils.
CARLOD, doreur.

Mentions honorables.

MM. CHAMPCLAUX, coiffeur.
PLOT, coiffeur, à Issoire.
BATISSON, parfumeur, à Limoges.
CHALVON père et fils, à Maringues.
DUPRAT.
PONGIN, CHARLES.

Clermont-Ferrand, typ. de Hubler et Dubos.

Clermont, typ. de Hubler et Dubos.

www.ingramcontent.com/pod-product-compliance
Lightning Source LLC
LaVergne TN
LVHW022032080426
835513LV00009B/1001